LOS ANIMALES MÁS LETALES

EL TIBURÓN BLANCO

Un libro de Las Ramas de Crabtree

Amy Culliford

Traducción de Santiago Ochoa

Crabtree Publishing

crabtreebooks.com

Apoyos de la escuela a los hogares para cuidadores y maestros

Este libro de gran interés está diseñado con temas atractivos para motivar a los estudiantes, a la vez que fomenta la fluidez, el vocabulario y el interés por la lectura. Las siguientes son algunas preguntas y actividades que ayudarán al lector a desarrollar sus habilidades de comprensión.

Antes de leer:
- *¿De qué creo que trata este libro?*
- *¿Qué sé sobre este tema?*
- *¿Qué quiero aprender sobre este tema?*
- *¿Por qué estoy leyendo este libro?*

Durante la lectura:
- *Me pregunto por qué...*
- *Tengo curiosidad por saber...*
- *¿En qué se parece esto a algo que ya conozco?*
- *¿Qué he aprendido hasta ahora?*

Después de la lectura:
- *¿Qué intentaba enseñarme el autor?*
- *¿Qué detalles recuerdo?*
- *¿Cómo me han ayudado las fotografías y los pies de foto a comprender mejor el libro?*
- *Vuelvo a leer el libro y busco las palabras del vocabulario.*
- *¿Qué preguntas me quedan?*

Actividades de extensión:
- *¿Cuál fue tu parte favorita del libro? Escribe un párrafo al respecto.*
- *Haz un dibujo de lo que más te gustó del libro.*

ÍNDICE

EL TIBURÓN BLANCO

Tiburón fue la película más taquillera del verano de 1975; no solo cambió a Hollywood, sino también la conciencia del mundo sobre los tiburones. El personaje principal era un tiburón blanco gigante que aterrorizaba una comunidad costera, ya que el tiburón cazaba a los navegantes locales y a los nadadores. Después de ver la película, a muchos espectadores les pareció difícil meterse nuevamente al mar.

SELACOFOBIA SIGNIFICA MIEDO A LOS TIBURONES.

DEPREDADOR DEL OCÉANO

Quizá ningún otro animal sea tan temido como el tiburón. Hay más de 400 especies de tiburones y la mayoría son inofensivas, pero algunas pueden ser peligrosas. El tiburón blanco es la especie más conocida y una de las más peligrosas.

Gracias a la película *Tiburón*, estos **depredadores** del océano acechan en las pesadillas de muchas de las personas que se aventuran en el mar.

LOS TIBURONES BLANCOS SON CARNÍVOROS, SE ALIMENTAN DE CARNE.

ASPECTO ASESINO

Los tiburones blancos reciben ese nombre por su coloración y por su tamaño. Típicamente son grises oscuros por encima y blancos por debajo.

Forman parte de una familia de tiburones grandes, con hocicos **puntiagudos** y grandes aberturas branquiales. Los tiburones blancos son los peces depredadores de mayor tamaño del océano.

LOS TIBURONES BLANCOS SON CONOCIDOS POR SU ENORME TAMAÑO. SUELEN SER EL DOBLE DE LARGOS QUE UNA PERSONA. EN PROMEDIO LLEGAN A MEDIR 13 PIES (4 METROS). ¡LOS MÁS GRANDES LLEGAN A MEDIR 20 PIES (6 METROS) DE LARGO!

Los tiburones blancos tienen cuerpos musculosos y con forma de **torpedo** que están hechos para alcanzar una gran velocidad. Su cola poderosa les ayuda a navegar con poca resistencia a través del agua.

El rasgo más reconocible, sin embargo, es la boca del tiburón. Está llena de dientes afilados como cuchillas, en forma de triángulo.

Los dientes del tiburón blanco son serrados. Su nombre científico, Carcharodon carcharias, significa diente mellado.

EL HÁBITAT DEL TIBURÓN BLANCO

Los tiburones blancos pueden encontrarse en cualquier lugar de los océanos del mundo. Prefieren las aguas frías, costeras y de alta mar, especialmente donde viven focas y otras presas grandes. Los tiburones blancos suelen cazar cerca de Australia, Sudáfrica y la costa estadounidense de California.

AMÉRICA
DEL NORTE

CALIFORNIA

ÁFRICA

AUSTRALIA

SUDÁFRICA

13

DEPREDADORES OPORTUNISTAS

Los tiburones blancos son depredadores **oportunistas**. Su dieta depende de lo que esté disponible en la zona. Por lo general se alimentan de grandes presas como: focas, leones marinos, tortugas marinas, pequeñas ballenas y peces. Incluso se alimentan de otros tiburones.

La esperanza de vida de un tiburón blanco es difícil de determinar, pero los científicos creen que pueden vivir 50 años o más.

Los tiburones blancos son una **especie clave**. Eso significa que ayudan a mantener los océanos limpios y saludables. Una de las formas en que ayudan es comiendo **carroña**, es decir, los cuerpos de los animales muertos. El hecho de cazar animales marinos también ayuda a mantener las poblaciones en control.

Del hocico a la cola, ¡las crías de tiburón blanco son más altas que un niño de diez años!

¿SABÍAS QUE...? LAS HEMBRAS DE TIBURÓN BLANCO NO PONEN HUEVOS COMO OTROS PECES. DAN A LUZ A CRÍAS VIVAS, LLAMADAS CACHORROS, ¡QUE MIDEN CASI 5 PIES (1.5 METROS) DE LARGO!

ARMAS LETALES

ARMA NÚMERO UNO: LOS DIENTES

El tiburón blanco tiene de cinco a siete filas de dientes. La primera fila tiene unos 50 dientes, con múltiples filas creciendo detrás de la primera. Los dientes del tiburón blanco son perfectos para atrapar y desgarrar a su presa. Cuando un diente de la primera fila se rompe, un diente de la segunda fila se mueve hacia adelante para tomar su lugar.

EL TIBURÓN BLANCO PUEDE TENER MÁS DE 20 000 DIENTES EN SU VIDA.

ARMA NÚMERO DOS: EL TAMAÑO

Los tiburones blancos más grandes llegan a medir más de 20 pies (6 metros) de largo y pueden pesar hasta 5 000 libras (2 268 kg). ¡Ese es más o menos el tamaño de una camioneta!

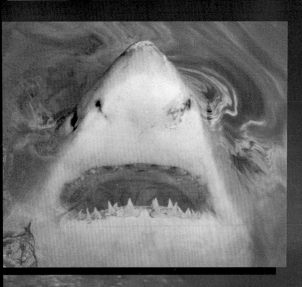

Los tiburones blancos son cazadores muy hábiles, esto se debe a que tienen unos órganos sensoriales llamados electrorreceptores. Estos órganos diminutos están situados alrededor del hocico y la mandíbula inferior. Son poros llenos de mucosa y están revestidos de células pilosas. Los órganos ayudan a detectar las corrientes eléctricas liberadas por las presas en el agua.

Ni siquiera pienses en tratar de nadar más rápido que un tiburón blanco. Es uno de los depredadores más rápidos del mar.

En distancias cortas, los tiburones blancos pueden alcanzar velocidades de hasta 35 millas por hora (56 km/h). Los humanos más rápidos alcanzan un máximo de 5 o 6 millas por hora (8 o 10 km/h) en el agua.

21

¡LOS TIBURONES ATACAN!

En 1963, Rodney Fox estaba participando en una competencia de pesca submarina. De un momento a otro, un tiburón blanco lo atacó. Lo agarró del torso y se negaba a soltarlo.

El tiburón finalmente lo soltó después de que Rodney lo golpeara en los ojos. Pero el daño estaba hecho. Rodney sufrió lesiones terribles. La mordida le dejó enormes heridas abiertas, huesos destrozados y daño a sus órganos internos. Rodney, aferrándose a la vida, fue llevado de urgencia al hospital. Fueron necesarios 462 puntos para cerrar sus heridas. Rodney se recuperó milagrosamente, aunque siempre llevará la enorme cicatriz con la forma de la boca del tiburón. Rodney dice que todavía tiene un diente de tiburón incrustado en su muñeca. A pesar del terrorífico ataque, Rodney volvió a pescar en el mar un año después del accidente.

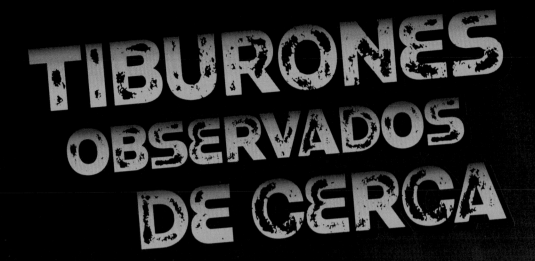

TIBURONES OBSERVADOS DE CERCA

Los científicos necesitan meterse al agua para estudiar a los tiburones. A menudo, usan jaulas para observar especies peligrosas como los tiburones blancos. El metal resistente de las jaulas ofrece un entorno seguro para estudiarlos de cerca.

El buceo en jaulas es una actividad popular en algunos lugares. Los buzos permanecen en la jaula mientras las aguas son **cebadas**, atrayendo así a los tiburones para observarlos. Los equipos de filmación submarina utilizan jaulas para tiburones. Así es como se filman algunas de las increíbles imágenes de tiburones para los programas de la Semana del Tiburón de Discovery Channel, que se emiten cada verano en la televisión.

RODNEY FOX FUE PIONERO EN EL USO DE JAULAS DE SEGURIDAD PARA PROTEGER A LOS BUZOS DE TIBURONES PELIGROSOS. EN LA ACTUALIDAD, ES UN CONSERVACIONISTA DE TIBURONES Y UNO DE LOS PRINCIPALES EXPERTOS MUNDIALES EN TIBURONES BLANCOS.

La gente se baña en el mar millones de veces cada año. Sin embargo, cada año suele haber menos de 100 ataques de tiburón en todo el mundo. Comparado con los más de 100 millones de tiburones y rayas que son capturadas cada año por las **pesqueras** del mundo es fácil entender por qué los tiburones tienen más que temer de las personas, que al contrario.

En promedio, los ataques de tiburones provocan alrededor de cuatro muertes humanas al año.

DEPREDADOR EXITOSO

Los tiburones blancos son uno de los depredadores más **formidables** de la Tierra. Aparte de los humanos, su único enemigo natural es la poderosa orca. Como especie, los tiburones blancos son tan exitosos que han permanecido prácticamente sin cambios durante millones de años. Es por eso que los tiburones blancos son uno de los animales más letales del mundo.

LOS ATAQUES DE TIBURONES PRODUCEN GRANDES ENCABEZADOS EN LAS NOTICIAS, PERO SON BASTANTE ESCASOS. LOS CIENTÍFICOS CREEN QUE LA MAYORÍA DE ATAQUES A PERSONAS SON ACCIDENTALES. LOS TIBURONES SIMPLEMENTE CONFUNDEN A LOS HUMANOS CON SUS PRESAS NORMALES.

carnívoros: Animales que comen carne.

carroña: Carne podrida de animales muertos.

cebadas: Que atraen con comida.

conservacionista: Persona que apoya y actúa para proteger la vida silvestre y el medio ambiente.

depredadores: Animales que cazan y se comen a otros animales.

especie clave: Especie de un ecosistema que ayuda a mantenerlo unido.

formidables: Que inspiran miedo o terror.

oportunistas: Que toman ventaja de una situación inmediata.

pesqueras: Empresas que capturan, procesan y venden pescado.

puntiagudos: En forma de punta.

selacofobia: Miedo extremo a los tiburones.

serrados: Que tienen un borde como el de una sierra.

torpedo: Máquina de guerra con forma de tubo.

ataque(s): 23, 26, 29
cazadores: 20
diente(s): 11, 18, 23
electrorreceptores: 20
focas: 12, 14
jaula(s): 24, 25
mandíbula: 20
peligrosas(os): 6, 24, 25
presa(s): 12, 14, 18, 20, 29
tamaño: 8, 9, 19
Tiburón: 4, 7

Sitios web (páginas en inglés):

http://kids.nationalgeographic.com/animals/
fish/facts/great-white-shark

http://ocean.si.edu/ocean-life/sharks-rays/
great-white-shark

www.natgeokids.com/uk/discover/animals/
sea-life/great-white-sharks

ACERCA DE LA AUTORA

Amy Culliford

Amy Culliford es licenciada en Bellas Artes. Ha trabajado como profesora de teatro en el campo escolar y ha dirigido programas de teatro extraescolares. Evita los animales letales de cualquier tipo.

La autora desea agradecer a David y Patricia Armentrout por su investigación y contribuciones a este proyecto.

Crabtree Publishing

crabtreebooks.com   800-387-7650

Copyright © 2022 Crabtree Publishing

Produced by: Blue Door Education for Crabtree Publishing
Written by: Amy Culliford
Designed by: Jennifer Dydyk
Edited by: Tracy Nelson Maurer
Proofreader: Crystal Sikkens
Translation to Spanish: Santiago Ochoa
Spanish-language layout and proofread: Base Tres

Hardcover	978-1-0396-1252-5
Paperback	978-1-0396-1258-7
Ebook (pdf)	978-1-0396-1264-8
Epub	978-1-0396-1270-9
Read-along	978-1-0396-1276-1
Audio book	978-1-0396-1282-2

Printed in Canada/052023/CPC20230517

Published in Canada
Crabtree Publishing
616 Welland Avenue
St. Catharines, Ontario
L2M 5V6

Published in the United States
Crabtree Publishing
347 Fifth Avenue
Suite 1402-145
New York, NY 10016

Photographs: Cover photo © Alessandro De Maddalena/Shutterstock.com, graphic splat on cover and throughout © Andrii Symonenko / Shutterstock.com,pages 4-5, 14, 15, 18, 19, 28, 29 ocean background © Alexmumu/istockphoto.com, full shark © Grisha Shoolepoff/istockphoto.com, shark fin © DigitalStorm/istockphoto.com, pages 6, 7, 26, 27 ocean background © vitacopS/istockphoto.com, page 6 shark © Howard Chen/istockphoto.com, page 7 shark © slowmotiongli/istockphoto.com, pages 8, 9, 11, 12, 13, 16, 17, 20, 21, 24, 25 ocean background © shevtsovy/istockphoto.com, page 8 shark © Whitepointer/istockphoto.com, fin © DigitalStorm/istockphoto.com, page 9 (top) © RamonCarretero /istockphoto.com, inset photo © solarseven/istockphoto.com, page 10 © atese/istockphoto.com, page 11 (top) ©Peter_Nile/istockphoto.com, (bottom) © BELOW_SURFACE/istockphoto.com, page 12 © William Buchheit /istockphoto.com, page 13 © USO/istockphoto.com, map © lukbar/istockphoto.com, page 14 shark © Peter_Nile/istockphoto.com, page 15 (top) atese/istockphoto.com, (center and bottom) © USO/istockphoto.com, page 16 © USO/istockphoto.com, page 17 shark © Geerati/istockphoto.com, girl © loco75/istockphoto.com, page 18 © Mark Kostich/istockphoto.com, page 19 shark © ELizabethHoffmann/istockphoto.com, jaws © geckophoto/istockphoto.com, truck © Vladimiroquai/istockphoto.com, page 20 both sharks © Alessandro De Maddalena /istockphoto.com, page 21both sharks © RamonCarretero /istockphoto.com, pages 22-23 © Willyam Bradberry/Shutterstock.com, page 24 © atese /istockphoto.com, page 25 © izanbar/istockphoto.com, page 26 © rypson/istockphoto.com, page 27 (top) atese/istockphoto.com, (bottom) © Koichi Yoshii/istockphoto.com, page 28 © Tsvyatko Terziev/istockphoto.com, page 29 (top) © MogensTrolle/istockphoto.com, (bottom) © Nuture/istockphoto.com

Library and Archives Canada Cataloguing in Publication

Title: El tiburón blanco / Amy Culliford ; traducción de Santiago Ochoa.
Other titles: Great white shark. Spanish
Names: Culliford, Amy, 1992- author. | Ochoa, Santiago, translator.
Description: Series statement: Los animales más letales | Translation of: Great white shark. | Includes index. | "Un libro de las ramas de Crabtree". | Text in Spanish.
Identifiers: Canadiana (print) 20210283416 | Canadiana (ebook) 20210283424 | ISBN 978103961252 (hardcover) | ISBN 9781039612587 (softcover) | ISBN 9781039612648 (HTML) | ISBN 9781039612709 (EPUB) | ISBN 9781039612761 (read-along ebook)
Subjects: LCSH: White shark—Juvenile literature.
Classification: LCC QL638.95.L3 C8518 2022 | DDC j597.3/3—dc23

Library of Congress Cataloging-in-Publication Data

Names: Culliford, Amy, 1992- author.
Title: El tiburón blanco / Amy Culliford ; traducción de Santiago Ochoa.
Other titles: Great white shark. Spanish
Description: New York : Crabtree Publishing, [2022] | Series: Los animales más mortales - un libro de las ramas de Crabtree | Includes index.
Identifiers: LCCN 2021036870 (print) | LCCN 2021036871 (ebook) | ISBN 9781039612525 (hardcover) | ISBN 9781039612587 (paperback) | ISBN 9781039612648 (ebook) | ISBN 9781039612709 (epub) | ISBN 9781039612761
Subjects: LCSH: White shark--Juvenile literature. | Dangerous animals--Juvenile literature.
Classification: LCC QL638.95.L3 C8518 2022 (print) | LCC QL638.95.L3 (ebook) | DDC 597.3/3--dc23
LC record available at https://lccn.loc.gov/2021036870
LC ebook record available at https://lccn.loc.gov/2021036871